思維改變給人們
幸福美好的世界

人生光明之音智慧之輪

從故事中學得智慧成就自他

H.J.H 著

目錄CONTENTS

第一篇章　　除愚得安樂 ······ 4

第二篇章　　自利利他 ······ 8

第三篇章　　身心平衡 ······ 11

第四篇章　　古今文化無差別 ······ 16

第五篇章　　人生學習定位 ······ 19

第六篇章　　學習孤獨生活 ······ 21

第七篇章　　人生平等觀 ······ 25

第八篇章　　科技與文明 ······ 27

第九篇章　　地水火風空的運用 ······ 31

第十篇章　　自立自強條件 ······ 39

第十一篇章　智慧的增進 ······ 43

第十二篇章　宗教類形 ······ 47

第十三篇章　一般意識 ······ 51

第十四篇章　解脫方法 ······ 53

第十五篇章　智慧意識提升 ······ 58

第十六篇章　　宗教的轉折　　　　　······ 62

第十七篇章　　解脫觀念　　　　　　······ 65

第十八篇章　　心境的改進　　　　　······ 67

第十九篇章　　因果的了解　　　　　······ 72

第二十篇章　　修行的次弟成就　　　······ 77

第二十一篇章　　風氣的了解　　　　······ 82

第二十二篇章　　智者的行處　　　　······ 86

第二十三篇章　　佛經的介紹　　　　······ 92

除愚得安樂

　　2022年4月12日，在這個世界疫情也有二年多了，俄烏戰爭也打了一個多月，看情況沒那麼快結束，爲什麼會如此？是人爲還是有先前的因緣所造成的關係？進而影響整個大多數人的生活，疫情的封城，戰爭的死人，多悲哀，物質上漲造成人們生活的壓力，國際間的對俄國的制裁，使得整個市場大亂，未來人們的日子可能不好過，這是大人的過錯，卻影響下一代年青人及小孩，是過去所沒有的情況，這要怪誰呀？要怪我們的祖先嗎？是我們的祖先沒有把我們的大人教好才會影響我們這一代。

　　這一代的年輕人跟小孩要讀很多書還找不到工作，小孩子也受疫情過著不快樂的童年，戰爭的殘酷造成家破人亡流離失所，有的國家會援

助，但是有的國家就是支持繼續打下去，於心何忍，鐵石心腸，反正以自己的利益為重管他去的，死的又不是我家人，那種心態真要不得。

這世界之亂看起來還是人的教育問題，如果教育好對一個人會影響一個家庭到一個團體甚至影響一個國家，到世界的和平或是戰爭，好與壞在一念之間，一念善一念惡差別之大。

還有不知足，不知足會影響一個人的心思千變萬化日思夜想不會停止，從生活的物質，金錢的迷失貪得無厭，權力的誘惑，面子的比較，地位的高低，掌控他人的欲望，炫耀自己的能力跟榮耀口才財力等等，還假善人為了出名不顧一切的做下去，從來不休息的一直想下去，下一步要做什麼才會使自己更上一層樓，達到世界首富人類的尖端，自古以來都是如此，等到人老了快死了還不知道覺悟自己為什麼要這麼貪心，無知的過一生，從來都不會想一下未來的世界會要成怎樣，就這樣爭的你死我活就好，也不考慮未來的

人要過的環境的生活，盡管的為個人利益破壞環境，使得好的環境被破壞，人的思維也被洗腦追逐利益無止境。

要知道事情會是物極必反，現在的資訊發達，人們都一直在用在玩，總有一天會物極必反的心態，人類是肉體有生命有思維要休息，不是用物資可以滿足的，不是用科技就能使人快樂的，在以前農村的生活也不是很快樂嗎？而現在的人生活很奇怪，一到假日都往鄉下去玩，這就證明人是要過著跟山水美麗的環境而過的生活。

所以心情要放鬆思維要休息，物質的生活簡單就好，吃的也是一樣，簡單能吃飽就好，每天山珍海味也是不好，物極必反，吃多了對身體是負擔，吃太好對身體的反應大多反效果，身體的三高，藥會吃不停，吃個七分飽身體比較舒服，頭腦的思維比較清楚，工作也會比較順手，心情也好，身材也不會太胖一舉二得，走路輕快，精神飽滿，變成一省好幾得。

思維改變給人們
幸福美好的世界

如果大家都如此的想法，那人們的資源就可以省更多，對環境的破壞就會減少，對人類及動物類森林好處多多。這是人知足的好處，利己利人的方式，好的思維，可以建立一個好的社會體系，好的生活方式，精神安樂。

自利利他

　　人的思維要改變，當今的社會變化很快，計劃都跟不上時代的變化，所以人們的工作就會產生壓力。

　　如果壓力是工作太多，那首先必須規劃工作的先後流程，用紙記錄先後順序再一一完成它，但是心情不能躁動，要以冷靜的心快樂的去完成，不管公司是自己的還是別人的，都要開心的心情去做好，看到別人或同事完成一件事情都一樣要開心的讚美一下，這樣每天工作都會愉快不會有工作倦怠感。

　　上班工作是一種無資產的投資，只要人到工作場所就是開始替自己、替老闆賺錢，要高興才對，下班就是你休息的時間，當老闆的都要考慮到員工的身心，這樣員工才有精神健康的身體來

為公司賺錢，不然員工身體欠安是無法達成公司的目標，這都是雙方面的損失。

在下班有空的時間內可以打坐20～30分鐘可以回復一些能量，在打坐時讓你的思維休息，不要想太多，這樣每天固定的去做成習慣，晚上早一點睡不要熬夜，不要喝酒，不要吃的太飽，吃的太好，吃多會新陳代謝不好比較會老化，有空看一些佛經，可以讓你在工作上較有好的新觀念，也可以應付時代的變化，可以跟得上時代的變化，說不定可以在公司得到很好的升遷。

工作的進展，好的人緣，往好的去想工作就會愉快，薪水多少心情持平淡，不去計較，以工作愉快為人生目標，生活愉快為目標，公司職員各有其責任。薪水當然有高低這是必然如山有高低，有水有湖泊就像一副風景美麗無比的心情去工作，平淡的心，喜悅的心，跟同事相處。學習新的工作方式提高效率的方法，供給公司使得公司獲利成長，成為公司員工兩相互利。

我在過去外商工作二十幾年，美國企業的管理是全球化，一個老闆可以輕鬆管理全球幾十個公司輕鬆愉快，而且高水準的品牌，可說是工業的龍頭涵蓋航空輪船、鋼鐵業、汽車業、食品業、工具業、學術研究、材料研究等所需的設備，專業技提供全球工業進步產品的更新，給人們有好的交通工具日常生活的用品等，一個的思維正向好處是值得人們學習及傳承。

思維改變給人們
幸福美好的世界

身心平衡

如何在心情得到平坦？身體的健康是很重要因素。

首先從敏銳的感覺要提升，比如天氣的溫度高低，季節的變化，隨時調整衣服、食物來源及吃的份量多或少，會不會上火或太冷涼？比如春天該吃哪些蔬菜、水果食用起來會比較溫暖？不會太涼而流鼻水。或是上火，如榴槤就會上火，蘿蔔吃大多就太涼，炸物吃太多就會上火，吃完炸物就要多喝水，不然身體就會出問題，會不舒服，會影響工作，等等又要看醫生吃藥的麻煩。

不管大人還是小孩，尤其上了年紀的人都要時時注意，在天熱的時候不能一直喝冰的飲料，而且要喝溫水30～40度左右的水，小孩子最喜歡喝冰涼的飲料，一次不能給太多小孩子喝，在夏天正熱時跟人要談事情時要注意，當他人正在

滿身大汗時，先給一杯涼的水等他喝完，之後再用軟語慢慢說或問，這樣比較不會起衝突，而且要臉笑笑的說才好。對待家人或小孩都一樣，都要尊重對方，夫妻都一樣要互尊重，身體不適要先告知，不然因為身體不舒服而產生的問題而吵起來，把過去的芝麻小事都一起算變成大事而大吵，結果離婚，當初的愛變成恨，小孩就要承受大人的無知無愛無情無能無智無慈的後果，讓小孩產生孤獨無助，變冷漠無情陰暗的內心，將來長大如果沒有宗教信仰的話，可能會變成人類的對立的現象，如果有機會當國王，可能會啟動戰爭，不然就會在社會上加入幫派，以打人為樂。所以人從小孩的時候，為人父母的自己本身就要調整心情、心態，互相彼此要尊重。

在人間要學習尊重，將來到天界才會被尊重，如果在人間不尊重人，是不可能上天界的門，門都沒有給你進去，就像不尊重人家，誰會理你一樣的道理，有好處人家也不會告訴你，吃

思維改變給人們
幸福美好的世界

慮的是自己，在人與人之間，多關心他人可以提升自己，尊重他人是好的、心境身心愉快的。這種行爲不需要高的知識就能做到，多少發輝一些母愛，看那動物的母愛，猿猴兒死了，母猴哭斷腸，老鷹來捉小雞時，母雞勇敢護著小雞的母愛力量。

在動物界很多如袋鼠、獅子、老虎、烏鴉、狗、大象等等幾乎都有母愛，尤其是烏鴉，成長之間都是母烏鴉餵食小烏鴉給他強壯。當母烏鴉老了飛不動時，這成長的烏鴉會反過來找食物回來餵他的烏鴉母親，這景象就是告訴我們，動物沒有人類的常識但是牠們比我們了解感恩之心。

我記得我家鄰居的頂樓廢棄倉庫有一隻母貓生好幾隻小貓，我看了心想母貓肚子會餓，每次看到牠們，就丟飯糰過去給牠們吃，過了一段時間沒有看到那貓群，當時心裡想那貓群，不知道目前如何？結果第二天，那母貓帶著牠的貓子，好幾隻都長大了，出現在我丟飯糰的地方給我們

看，而且還喵喵的叫好像再告訴我們：牠知道我們在想牠，也帶牠的兒子們，已經都長大了，很平安這樣，我看了之後就想都長大了、平安就好，心裡也放心，心想在動物界都會心靈感應，你在想牠們時，空間自然會發出一種召喚的頻率。

　　我聽說澳洲的原住民他們族人外出時，家人要召喚自家人回來也是用心靈去召喚，就可以使家人接收到然後回家，不需要用電話來聯絡。我們目前是無法用此心電法彼此相通，這是正常的現象，因爲被現實的環境干擾，無法與靈界相通，心裡煩躁無法靜下來，思緒紊亂已成習慣，煩東煩西煩吃煩錢不夠……等大小事，頻率變粗的低頻無法跟靈界相通，只有靠電話的高頻來相通，但只能跟人相通話而已。

　　如果想跟靈界相通就是塔羅牌跟通靈性人來溝通，說起來不可思議，因爲人的行爲及心念都在這宇宙之間有記錄，你只要心靜下來就會有無

形的、看不到的頻率感覺，人說的第六感類似這樣，這第六感大家都有，比如有一隻狗要咬人時的表情與眼神跟平常不一樣，看那樣很兇，感覺會咬人，這就是感覺，是粗頻率的感應直覺感，如果想了解靈界的靈通，看出你的修為跟業力和善根，可以到神壇的主事者請教一下自己的身世如何，靈界都記錄著，跟著你走，善與惡的氣場都跟著你，想甩都甩不掉，相由心生，一切都寫在臉上、記錄在靈界上，有修行者或通靈者或神祇菩薩們都看得到。所以說人的心要平坦，平等觀此念一出，自然氣場就會改變，當氣場改變，久而久之，命運慢慢的就會改變。

人與人之間的感覺就不一樣，可以試著一段時間就明白靈性的提昇，當靈性提昇後，周圍的人慢慢會對你感覺不一樣，這些靈性的學問在目前學校是沒有教的，這就目前這個社會的問題，世界缺少的問題而產生人與人之間的對立面，後面我會寫一些基本改變方式。

第三篇章
身心平衡

第四篇章

古今文化無差別

　　古時的生活文化不普遍，有高文化水準也有較低水準的，比例差很多，人民大多窮困而資訊不發達普及，鄉下的人民如果有受教育文化的大多善良，也有少部份是不良百姓，也有聽說白天是農夫，夜晚做土匪的。

　　不知道是因為以前交通不便，一些外地人都會被當地人騙或搶劫，而這些搶劫者大都是大人而且身強體壯，下手不留情，弱肉強食，看起來是人但內心卻是禽獸一樣，就像現在一些人穿起西裝人模人樣，專做盡壞事謀財害命，倒人的錢，坑人的錢財，越文明坑人的越多，想盡各種方式來坑殺，已經家財無限了，土地一堆數都數不清了，還求神要更多，已經做大地主了還不夠，還要比看誰家的房子有幾間，土地有多少，

思維改變給人們
幸福美好的世界

不知滿足想辦法得到更大的勢力，順從他、聽他的或是併吞財產或公司或國家或女人等，享受各種物資炫耀自己的能力，以上這種情況在覺者來說等於煩惱。

　　要知道一切事物是沒永恆的，自古以來哪一件事永恆的？沒有，一件都沒有，小從一個小東西大到一個國家山河大地，人情世故都在變，沒聽說人走茶涼嗎，當一個總統下台之後不用多久人們早已忘了他是誰，父子也是一樣老爸留一大筆財產給子女們爭到上法院互告，也有一個例子：老爸留給二個兒子田地各一半，就因為一條的田埂告到法院幾十年，整個鄉民都知道這件事情，都是大人了一點都不能互讓一下，真是兄弟如冤家一樣。

　　所以說教育的重要從小的幼教到大學的成人教育，學術固然重要，道德的教育更重要，從家庭的教育，長老者要身教後輩的子輩孫輩才會服從，不然上樑不正下樑一定是心術不正什麼壞事

都會做，祖先也不怪自己的子孫不爭氣啊，省思省思，那麼就從自己做起有道德自律的行動，化行動爲力量做好才是光宗耀祖的條件，我相信每位都是有這樣條件的富貴之人吧，相信自己就是的yes me too。

思維改變給人們
幸福美好的世界

第五篇章
人生學習定位

　　把握人生的學習的時段跟目標，如幼兒初開始就要給他知道人的相處要尊重，人之間的禮貌，兄弟之間要和氣團結，說話的分寸，說話的時機方式，如何跟人談事情該如何等等，這都是一門學問，也可以買一些好的書籍給小孩看鼓勵他看，書看多了自然小孩會認識當今的社會型態是如何。

　　然後每星期跟小孩討論聊天就能觀察小孩目前的社會觀如何，如果小孩有錯誤的觀念及行為，就要即時導正，比如兄弟為了某事吵架就要適當舉例某人的故事而產的後果不好等等，不能說輸了再打回去或罵回去，這樣會造成不良的心態負面影響，教小孩學習雖然是對也要忍忍的一時可以避災避難，這句話要常記心頭裡，還有教

小孩笑臉對待同學、老師、同事、朋友、親友，這樣長久以來自然爲人處事也可以放心一點，如果有機會到外面做苦工的訓練也很好，嘗嘗苦頭的工作。

　　我小時就有挑豬糞，山上約3公里遠的山坡澆蕃薯一天好幾趟，採豬吃的菜、撿柴，養豬種菜的工作，是不輕鬆，但是現代的年青人是不可能的，時代不同於以前年代，如可以打工也很好，打工的錢給他自己存起來養成存錢的習慣，有辛苦的代價的感覺是非常有成就感、實在感，有希望學習理財及節省的方式和觀念，長輩都鼓勵之中成長，生孩子就要教導，不能養子不教是父之過，在教養小孩之中自己也會學習很多，活到老學到老！

學習孤獨生活

如何過著孤獨的生活？

時代的變遷之下，未來將有很多孤獨的中年、老年人孤獨自己生活，現在就有，在鄉下都是老年人比較多，年輕人都往城市跑，只有假日偶爾回去看一下長輩隔天就走了，長輩自己或有老伴一起過日子還好，單獨的一個人的有菜園的還可以種一些菜過日子，看電視打發時間，時代進步有了手機都會加Line還可以線上傳來傳去的消磨時間，談八卦聊是非等消磨時間，像當兵數饅頭的過一天算一天的。

當年紀大了，同學一個個的走了，會發覺身邊的同年的人所剩沒幾個，再過幾年只剩下自己，子孫都各有事業及子女要照顧，大都無法親自來照顧，不是送養老院就是獨自一個人在家過

生活，未來的人也大多數會是如此，除非有子女願意陪伴你不然都是孤獨的一個人，如果有房子的還好，沒房子的就要外面租房子住，不然就流浪街頭。

在美國及日本的經濟大國也都很多流浪街頭的人民，像戰爭的難民父母都身亡留下孤兒等，這都是個人的業力加上共業的造化，除非國際的支援，不然流離失所的悲哀，人類的文明只有在科技的進步，人的文化道德如果跟不上只有科技跟欲望貪婪之下，一定會造成世界不平衡，國家之間的戰爭、種族的對立，在因緣成熟時就打起來毫不手軟，為什麼？在佛經上都有寫的很清楚，有空的人可看看就明白，戰爭的因果都是人自己找的及共同造業的因，結的什麼果。

孤獨的生活有的人會不習慣會煩惱，會覺得人生乏味，久而久之身體出狀況，不會調整心態，有的情形心理調整一下，看開或看一些好的書就可以轉過來，或是運動一下，身體血氣暢

思維改變給人們
幸福美好的世界

通，吃一些食物，睡眠充足，少煩惱事物，過日子就如神仙一般，要知道神仙和天上的佛菩薩是寂寞的，如果有人求菩薩結解問題、煩惱子女等等，菩薩可能告訴你不要自尋煩惱，因為天界都是很寂寞的，你要學習過著寂寞，日子不能多管閒事才能過如意的生活。

但在人間過的很刺激的生活，貪心、貪吃、貪淫、貪嗔、無明、好鬥，六親不認，貪財，貪名利的貪官吃山珍海味，遊山玩水，子孫滿堂還要代代相傳，好的地理風水，萬年不衰等等，這都是一般觀念，在天界可沒有這種生活，所以在人間要慢慢的習慣獨自的生活、清淡的生活，而且要真空的心情，念頭清淨無執著、知足，不然天界是待不住的，就像關在家裡，心裡會發悶待不住只想往外跑發牢騷等，在天界也有天規的，動念頭就犯天條，馬上掉落人間來受苦再磨練心志，如果遇見善者還好，不幸碰到惡者那可一輩的苦有得吃了。

所以觀念非常重要，人生以好的觀念就會有好的生活，自在的生活到哪裡都清淨自在無憂無慮的，人間天堂澳大利亞，台灣人到那裡覺得好山好水好風景，但是會好無聊，澳洲人來台灣說台灣人生活好刺激，所以國度不同人心不同。行為就會有所不同，因果也有所不同的。

思維改變給人們
幸福美好的世界

人生平等觀

　　人與人之間的相處要平等觀如兄弟、如父母、如姊妹、如子女，平等觀自然心裏就會平靜沒有仇視或大小眼的對人，走在路上讓他人先行，觀人如己父母兄弟、姊妹的親切感，看人上班了，很好大家都在賺錢養家，養父母、子女，很開心，像以前我上班時，盡量給同事都有事情工作可做，同事生病就給假看醫生，希望身體康復來上班，不去勾心鬥角的團結的為公司的發展努力，這就是平等心的對待，互相平等都有利益。

　　如果大家都自私那情況就不同了，比如同事之間各懷鬼胎，互相陷害，心神不定，處處防人，行動怪異，走路不正，斜眼視人，心術不正，時時用心機，瞞上欺下，結黨結派，霸凌弱

者，欺負思想單純者，造成有能力者不願為公司付出而另謀出路，造成人才損失或是表面服從內心不服，因此造成公司多年的人才培養的損失，人才是一個公司的發展命脈，人才是一個國家的基礎，一個國家基礎不穩固國家必衰敗，自古以來都是如此，一個國家也要行正派的政策，人民必會仿效之，反過來行邪道互鬥那人民也學的更壞，到頭來都會被鬥下來，有的國家就是如此。

自古都是一樣什麼勝者為王，敗者為寇，這個王者跟寇者說不定前世是朋友，為了爭奪財產輸了心不服氣，發個誓來世一定報復，這樣一來一回沒完沒了的就像如今天俄烏之戰，打的你死我活，勸不聽，腦筋轉不過來說國土是我的等等，要明白天跟地的運轉千變萬化人算什麼？想想看。

思維改變給人們
幸福美好的世界

科技與文明

　　在天地之間的運轉陽光的日照夜息有四季之分土地有成住壞空，人有生成老死，在萬物都是一樣有成住壞空，人的牙齒也是成蛀壞空，因此人要把握時間在地球還沒壞到很嚴重的情況下趕快修復，可以繼續可以使用過活，人與人之間也是一樣要互相融合才好過活。

　　夫妻之間也是一樣要互相尊重才好過日子，一年365天要彼此尊重365天很好過，如果不太好可能一半的時間183天在外面混每天回到家也三更半夜，也看不到人，天亮就走人了，也不打招呼，只說要出差一個月，183天扣掉一個月30天剩下153天一年出差6次最後只剩3天在春節而且這3天都在打牌，夫妻如陌生人，兄弟如仇人，父子也如外人，朋友在一起只有喝酒，獨自

一人只會抽菸，也不知道在想什麼，不亂想還好，想著想著又動歪點子看看有什麼不勞而獲的點子。

當今的社會就是形成五花八門的行對及集團的形成，幫派形成，古時的山寨王霸占一方欺負良民就是如此，善良人都被欺負，人性無法提升，智者只有逃離隱身山林務農為生，仁者只能自顧家族生存之道不管他人閒事，如是傳承自己的子孫，奈何社會是如此，而目前的社形式利用他人，人只有願意如奴才的被利用是因為生活只有被利用，被用完了就丟了，人情似紙，張張薄的無情，沒什麼文化，是利用非文明的文化造就自己各人的成就是自私的表面說是為人人，其實只為自利，控制他人壞思想不叫文化。

文化有古代文化，有在轉變的文化，每個國家都不一樣，古代的羅馬文化，埃及文化，印度的多種文化還有中國的文化，日本的文化，在各國的人種中有的國家可能民族性不同在觀念上有

思維改變給人們
幸福美好的世界

不同，有開放形的有保守形的，有的可能食物跟環境不同產生豪放性格的，古代的歐洲文化看來都是戰爭，打到各國人民都會各顧各的利益，但是國土都連在一起的，如果相處的好就沒事，如果哪天換個好鬥的總統發動侵略的行為，那就連到幾個國家都受影響。

就像以前的成吉思汗征服歐洲大陸，打到人家都怕他，在那時代的人是遊牧民族身強體壯很會打戰，所以當時科技不如現在是靠體力戰，很多的國家都被霸凌都不敢吭聲，就用等的等到有一天他死了又恢復各國的領土，這樣繞一圈又回到原點又能得到什麼？有人稱他為一代英雄，歐洲人稱他殺人魔王，那到底是英雄還是殺人屠夫？如果以人道來講不能稱為英雄，在佛道來講是無明無慈無情無悲自私的莽夫，沒有文明的文化，在一個國家如果不改進為文明的文化教育人民，有的人民就會投機取巧、唯利是圖後果就很麻煩。

所以佛出世就是在講這個文明慈悲喜捨及三界、法界、十法界，所以有機會當國王的總統的領抽們要把握時機給人民教育文明的觀念，不是只有科技就好，只有科技沒有文明的素養的社會，肯定人民是亂，人民都會以科技來炫耀自己有多強，但是強中必有強中手有用嗎？要比的是仁義道德。

　　因為這個世界有仁義道德人還是很多，只因有少部份的不仁不義之士在操縱這個國家，並且影響其他國家人民這樣不好，這世界還有很多人看的出來好壞是非，人說事久見人心，做人做事好壞老天都會看在眼裡，好好的做人做事可以逢凶化吉，福澤人民。

思維改變給人們
幸福美好的世界

地水火風空的運用

　　地水火風空的概念。

　　地的範圍很多比如鐵、石頭、木頭、水泥等硬的東西，還有人的個性比較硬或剛強難溝通等脾氣不好。

　　水就柔軟性有溫度在零度以上屬於軟的，零度以下變硬如石頭，水一般都稱為柔軟如個性如水非常柔軟脾氣好，很好相處，如溝通等。

　　火也有溫暖跟火大兩種，比如這人說話給人感覺很溫馨很溫暖，心如冬天的太陽大家都喜歡如佛菩薩一樣令人喜悅充滿，如果火大就不好，但是鍊鋼就必須火大才能熔化它就如頑固的眾生就要怒目金剛的大神才能度化。

　　風也是一樣如春天的風涼爽，夏天的風是熱的，冬天的風是酷寒的，如颱風、強風，比如

有人說話涼涼的風涼話，老闆發脾氣時怒目開會時，罵人如颱風一般掃過去，被掃到的就倒楣，在當下閉嘴或避開或軟語的回答可能就可以化解，或是用智慧的對話討論問題。

　　物理的原理如做麵包也是一樣要多少的麵粉配多少的奶油，多少的糖的甜度攪拌多久，軟硬度要烤幾度時間多長，這才會好吃等，都跟地水火風有關係的，人也是一樣在人與人之間也是要如何相處，話要如何說心態要如何對待一個人或一個家庭，一個團體等，尤其是觀念的改變傳達的方式各種比喻要給人了解然後修正都要耐心的，比如給自己的父母改變觀念有的要幾十年才能說服，兄弟之間也是要幾年或更久。

　　古人說的「江山易改，人的本性難移」就是這樣，自己的本性要以智慧去修正，要去學習，要如何學習，看要學習什麼如果要學一些科技的、醫學的、農業的、工業的、行銷的等，都會跟地水火風有關係，可以仔細的去分析了解，自

思維改變給人們
幸福美好的世界

然會有很好的成就。

　　在學佛方面就要請教一些學長，初學是如何開始該讀那些經典？行為就必須如經典所敍述的故事內容的問題點了解後就必須改進，在閱讀經書時看到哪裡，心態就要改變，提升到哪裡，不能看歸看行為還是不變，那不如不看。在各宗教都有書籍可以去看比較一下，哪一種適合你？先看內容後不懂要問，而且追根究底的問，才能了解各個宗教的性質跟目的，是否對人的思想有根本上的提昇。

　　因為人生命大約都在80～100歲，這算長壽的了，一般有的在60歲或50幾40幾就死了，可以到殯儀館去看就知道，那一些照片很多是年青的，所要把握時機多看佛經，因為佛經很多本，其他宗教只有幾本，因此人生必須要有宗教的認識才不會枉此一生，看經書可以在年青就規劃，每天看30分或一小時或更長的時間，不要說等我老時退休時再看，到那時年紀大了眼睛也不

好，精神也不好，體力差，腦力反應也不好等等，無法了解經典的內涵，而失去提昇人類思維修行的境界，提昇往後的渡劫不必再受苦的輪迴，起碼今世也可以不受太痛苦而轉喜樂，各人或家人親友也可以因為你的修養而改變，對你另眼看待，而受到尊敬，而學習你的教導和睦相處。

　　志同道合，悟性的提昇，佛陀出世就是傳智慧給人們及天人菩薩，非人阿修羅等眾生，不再召受輪迴之苦的一套真理，其真理就是解開人們愛執著各人的利益及內心的恐懼、失落感，未來不確定等不該有的想法，幻想放不下自己擁有的，捨不得施於人，執著財物，施時未來的回報，及學法的法的執著，法是用來渡人的，人已渡了，已經自在了，法就必須放下勿須執著，就像人都到河的對岸了還守著那條船的意思，還有法都要捨了何況身外之物，這是佛陀說的道理。

　　因此佛陀跟他的弟子只用三衣一缽的來修

思維改變給人們
幸福美好的世界

行過日子，身體力行做給人們看，放下執著的心結了解三界內輪迴的原因，用很多法門對制人及天人的心態及執著事物如何去解開的觀念，還用各種神通來示現給弟子們看，並解釋物理是由心態及各人的能量跟見地修為的層次，如天人的位階、羅漢的位階、菩薩的思維位階……等各階層的見地所展現出不同的智慧與神通，在因緣成熟時，出來渡眾生、觀眾生的根機而說法，讓眾生能聞法生信心、棄惡從善，造福人群解脫，造業出三界免於輪迴再受苦，是其他宗教沒有的理論，在三界的解釋之間佛陀的提示最清楚。

從人間、修羅、地獄，無間地獄，人間之上的三十三天至想非想非非想天層層的境界，還有出三界外的十方佛國土、各國佛土的現象、佛的過去所修行成就的發願渡眾生形成的佛土、千百萬億無量無邊佛土內的眾生更是無量，在無量的佛土的眾生之中有的國土都是菩薩的化身，在聽佛講經說法，在我們的觀念裡都已經是菩薩了還

要聽佛講經說法？真不可思議，在其他的宗教是沒有如此的現象，這就是佛教的不同之處，為什麼？就是因為有無量數的眾生需要解脫免輪迴之苦，眾生非常多如海裡的魚類、浮游生物、天上飛的、地上走的都是，人間的地獄的阿修羅，天上的天人，四天王天、人帝釋天王天眾、大梵天王及梵眾天子等都要渡。

所以在佛土的菩薩會看因緣成熟的眾生，即時前往說法解困，使眾生因而解惑，在心識上能提昇，當眾生大多有大因緣成熟時，佛再到人間來說法，所以這是一大因緣，必須成熟才會有的，因此有佛出世到人間的機會是很少的。

從前位佛出世到現今的釋迦牟尼佛時間相隔幾億年，人在佛與佛之間的時間裡，是聞不到佛法的，在聞不到佛法的情況之下，人的心智是隨著社會的形態過生活，跟著領導者聽命於他的控制下，帶著人前去殺人或被殺，就像二次世界大戰一樣死了幾萬人，也因業力的顯現無可奈何，

就像目前俄烏的戰爭人民也無可奈何，就算聯合國的呼籲別再打了，世界各國的制裁也無用，非得死了人數到他滿意爲止決不罷休，除非發起戰爭的人死了還是重病或是被趕下台等因素才有可能停止戰爭，這是人的戰爭。

在動物界的戰爭，看那不同種的螞蟻打起來也是一樣咬到你死我活，魚類也是一樣，大魚吃小魚吃光爲止，像海豚很可愛對吧，但是追殺小魚時也是一樣吃光爲止，如是互相殺來吃何時休，魚也不懂因果的道理，人也是一樣互相騙去做壞事或殺人，如果沒有佛陀出世來告訴人們因果關係，哪會有人知道這門的道理？所以佛陀留下的經典要多少看一下，才會知道宇宙的眞理，不然從出生到老，哪會知道什麼？只知道長輩叫我們讀書賺錢，長輩也不知要修行看些佛書增加一些智慧。

我曾經問一位大約六十幾歲的男士，已退休了說：「您現在在做什麼？」他的回答是吃飽等

死。我當時只回應：「喔，這樣子哦。」所以他的父親以前也不知道有佛道的真理，小孩子自然也不會有要學佛的概念，只知道吃飽等死而已，或找人聊天度日等死，或許佛法只渡有緣人吧！

　　佛陀在快涅槃的最後一位弟子已經120歲是修外道的行者，佛陀要渡他也是喚阿難尊者請他過來，因為佛陀說「阿難你跟這位修仙的行者有五百世的父子因緣，你去請他來，他就會過來聽佛說法。」佛就快涅槃了，時日不多了，於是聽了阿難尊者的話認為佛陀出世難遇，就馬上飛到佛陀跟前的一段距離，然後用走的到佛陀前頂禮，佛陀便說法解釋八正道有關解脫生死之道，那仙人當場便悟道，原來佛的人生解脫是如此，就想佛陀要涅槃了，於是就提前在佛陀涅槃前自己就先涅槃去了，原因可能就是活了一百二十歲修仙道能飛仙到想非想非非想天還是在輪迴之中無法解脫。

思維改變給人們
幸福美好的世界

自立自強條件

　　現在的小朋友學什麼沒那麼快學，打電動學的特別快，尤其目前的網路資訊很發達小朋友的身心很容易被傷害，大人們要特別注意小朋友的思維教育，在幼小就要有正確的觀念，不要長大了、出社會，被社會人士說成沒教養的人，社會的敗類，就像社會新聞報出來的危害人家的事件，這樣就不好。

　　現在有一些年輕族群叫躺平族、啃老族、不肯吃苦耐勞、不滿足族、詐騙集團，以前的社會就有武林的華山派、崑崙派、少林派等當科技進步之後就沒了，成流氓幫派在學校就已經有的學生被利用吸毒、販毒、賭博等不良行為，所以大人們隨時要注意要跟老師常聯絡，了解小朋友的狀況，功課也不能要求太高有60分以上就可

以了，而且要鼓勵方式教小孩，目前也很多會讀書的小孩出國留學就不會回來都在國外，對自己的父母都漠不關心，在國外混的好就不回來，混的不好就回來當啃老族，也不找工作當博士碩士等，低階的工作不想做面子問題，怕工作累，錢少也不想做，心想靠老爸有得吃就好管它去，於是就變成躺平族，所以說會讀書的小孩未必就能適應社會的環境及為家庭付出，何況是孝順父母親？因為要孝順父母很辛苦，所以只好抗議父母吵架等問題。

　　小孩的教育並不是只有讀書就可以，還有其他的教學要做，因為目前學校的教育只注重在學術方面，而人生的學習是要多方面的，單一方面的教育肯定是不完美的，除非是有各人的造化，就是說這小孩智慧高悟性，有耐力，肯吃苦，就有可能為社會的中堅份子，否則在目前社會都集中在都市，非以前農業時代的小孩，要跟著父母爺爺阿婆等一起生活、幫忙工作這就是教育，是

思維改變給人們
幸福美好的世界

團體互相的機會教育，目前已經很少這種生活了，所以人的思維就是人的動力，思維再好的方向自然就會孝順父母，不管讀書的多或少都是往好的做人做事，如果思維往壞的方向那就書讀多的人做高官就麻煩了，這種人很難控制，專做損人利己的事，如當上總統，那人民就不會有好日子過的，過去的歷史朝代可以看得到那個朝代皇帝如何，好壞大家都知。

所以要普遍人民要好的思維，從小就要道德教育要兼顧才行，責任的教育要有肩膀的心態，肩膀有很多人不知道什麼意思，目前的教育之外，還要加上佛陀的思想教育之下，小孩會有仁慈愛心加智慧，這種情況的教育自然，小孩將來在社會比較有立足之地，自然就不會成為躺平族、啃老族、月光族了，而且很受歡迎的人物，將來如果結婚，也是婚姻美滿孝順的人，肯負責的人，有肩膀的人可以託付的人，當自己成為社會的中堅份子了，就是家裡的支柱，家族的光

榮，也是本份，如果人人都是如此社會的觀感就會不同，也可以造就美好的未來，美好的未來能夠持續長時間不斷如此的話，那就造就一段美好的歷史給一代接著一代延續下去。

　　所以自立自強的思維的重要性，是人人的本份，不是別人的責任。

思維改變給人們
幸福美好的世界

第十一篇章

智慧的增進

　　佛教在目前大家都知道，尤其在台灣及中國、日本、韓國、泰國、東南亞等國，都還有在信仰，在印度反而信的少。有次我到印度東部那邊的公司我問他們員工說佛教，他們說不知道什麼是佛教，也不了解什麼是佛，他們只拜象鼻神而且拜了幾千年了，而且在外商的工廠裡擺了神桌供奉著，而且在街道上的小商店都供奉著神，各種神都有。

　　佛說印度以前就有九十六派的外道，各派的修行方式都不同，有的一生就舉手不管何時都要舉著一支手，另外一支手是吃飯用的這種修苦行說會成就升天，也有提著一支腳修行法，也有斷食法，聽說還有喝牛尿法。他們認為牛是神聖的所以就喝了，反正有喝比沒喝好，但沒人因喝

牛尿而死人。就這樣延續幾千年，眞不可思議，外道這麼多種，有一點就是很虔誠的信仰，都寄望來世來生能生天或生在富貴的家族裡，因爲怕窮怕苦所引發的信仰，人民還是善良的，只有少部份心術不正，還好有這麼多神控制著他們的信仰，英國人也管了不少年、拿走了不少利益，他們也無所謂，反正誰管都好，只要有神可信仰寄望的是來生，管他去的日子苦都無所謂，今生如夢來生才重要，再磨練個千百生總會出頭天。

佛就看出此因原就把佛法東傳到中國來，於是就有玄奘法師，到印度取經回來，還經由三千多位學者翻譯成一部大藏經，也花了不少銀及很長的時間校正，爲的是人類的文化佛的智慧，引導人們走向正確的思維及修行導正錯誤的人生觀，及錯誤修行方式走向繼續輪迴的迷霧之中不知方向，因此佛陀說了很多方法的經典對制衆多人的心，後來達摩祖師又到東土，就是中國傳的禪宗，當時禪宗由二祖慧可承傳至六祖大興勝，

思維改變給人們
幸福美好的世界

一直到現在，目前台灣淨土宗比較普遍，後來才有禪宗跟密宗，跟西藏的密宗，也有基督教、天主教、回教、道教等，台灣真是福地。

眾神都在台灣，這都是很好的機會可以去學習，求取最高的智慧，隨個人的因緣去求取、吸取學問，創造美好祥和的世界，不要互相排斥哪一個宗教好不好的問題，因為個人的性向不同，自然會走向不同的宗教，只要不學壞就好，就像學彈琴的小孩不會學壞這樣，社會是如此，宗教也是如此。總比當流氓打人、當總統發動戰爭、殺人，從這裡殺到那裡，殺了幾千里，死了幾萬人，造成世界大戰橫屍遍地的，怨恨心這麼大，真不可思議。

一個可怕的心藏在意識裡，是人們要思考的地方，要追根究底原因是在哪裡？是宗教嗎？不是的，是人們不解宗教的意義，憑著自己的計謀跟想像胡言亂語帶動錯誤的理念，使得一些群眾分不清楚宗教的真理真愛，說成非真理的真理，

造成自古以來的宗教戰爭、宗教裡的派系戰爭，使得人民流離失所，爲的是控制他們的欲望、自己的享受等等，如果控制不了就用刀，當科技進步了就改成最新的武器，直接就打，把神聖的天理忘了還是都不懂，只顧自己，哪管天理不天理的？老大說了算，看起來天理都在書上，不是在內心裡的運用，書本上的天理跟他沒關係。

思維改變給人們
幸福美好的世界

第十二篇章
宗教類形

　　談修行，種類很多，各國都有各的信仰，在中國很久以前是道教，目前還是有道教，有的修持張天師的道，聽說道教的修持法要師父先看弟子的根基，算一算看是否有其過去的因緣、品性好壞，好的話才有可能學到師傅的道法，因為道法傳給不肖弟子那就麻煩了，如果不肖弟子做了壞事之後，還要師父去善後，因此大都師父不想傳給弟子，如果有傳的法也是簡單的法門而已。

　　比如小孩子嚇到的收驚法，魚刺骨卡到喉嚨的化骨法，這化骨法的很神奇，他只要一碗水，採一片樹葉放在碗的水面上，加上手勢比劃、口念個化骨咒語，念好之後，將這碗水給魚骨刺到者喝下，馬上就化掉了，真好用。在此奉勸各位仁者以後少吃魚了，免得被魚刺了。

這二種簡單的方便救人的還可以傳到現在，真正的一些如五鬼通報法不知道還有沒有？我就不曉了，只聽說師父在山裡修行時怕人干擾，就在很遠的入山口中放一張符在穩密處，當有陌生人來時就可以提前得到護持的神鬼先通知修行人，可以讓修行人防範一下。也會在門口貼個幾張符咒擋一下不肖的各門派的高手、或精靈鬼怪等來干擾修行，尤其是鬼及前世的冤鬼們都會來找，因為如果作修成仙之後，他就無法報過去世的仇了，所以修道教的師父會先看想學道法人的業力。

　　如果業力重的人可能就無法學習，如果業輕的，或許也要經過幾年的磨練，如挑水、掃地、護持道場、煮飯等等，觀察其行為幾年或幾十年，其間會教一些小法術給他，讓他學學看，看他的能力及能量是否可以再進一步更深的法門。

　　因此在道教裡，真正能學到的弟子很少，大都是一代傳一個，目前台灣好像有劉培中道長已

思維改變給人們
幸福美好的世界

經仙逝了，聽說劉道長的能量很強，他的弟子在開會中不聽話，在道長的眼睛向那位一瞪，那氣功的力打到那位弟子倒退好幾步，之後就乖乖的不敢亂來。道教裡的教學在一般民眾是比較不能受教，除非能全心的去學習，在現代的社會人士是比較難接受，道教因緣大都是到宮廟裡拜拜燒個香而已，相信有神，心裡就會想有神保佑，或許在神的保佑可以渡過小劫，真正要渡身的大劫就必須多多行善，視人如己，不存害心，不造惡業，自然大神小神都會保佑你。

有聞宮廟的代言人在替人消災時說，你要去捐錢多少給慈善機構才能逃過災難，那位人士答應好沒問題，這時這位神的代言人在神的指示下認可才化解那位人士的災難，說起來很玄，有的人出生就是多災多難，但是有的人就不會，只有一點小麻煩還長壽，這就是業力跟福報的不同之處。

宗教目前多少還是有一些影響力，有自覺性

的人會提醒的作用，會思考一下因果關係及他人感受而避開，不必要的麻煩，減少爭端，宗教的意義就是人們要和平相處，如果不如此，那就沒意義了，這就是要真正了解宗教的宗旨，才不會辜負宗教神祇的寄望。

思維改變給人們
幸福美好的世界

一般意識

　　在住的方面，裝潢如宮殿似的客廳，花架子酒櫃子、各國名酒、古董爲裝飾，名畫爲牆，珠寶盒、保險箱又大電器用品都是最好的，廚房設備樣樣俱全，房間更是大又豪華，一切都有就是沒有書櫃，就算有書櫃只擺放一些小說之類的書及賺錢方法祕笈等書，從年青就被這社會不良的習俗弄到身心疲憊不知覺省，一直到年紀大了仍然如此過這種日子的人很多，所以說要想社會要能多好，人心能多善良哪有可能？

　　如果以比例來算的話，善良有智慧的人不成比例，反正大家都是如此，大家都一樣如此，同一族群才不會跟人家格格不入、被孤立在一邊，你兄我弟在一起喝酒唱情歌，如果叫他念佛回答說還沒老，等老了再念吧，也有說我目前（很有

錢）這樣就好，念佛就不用了，念佛是多餘的，念吃飯，念賺錢才是重要的。難怪觀世音菩薩爲了要渡衆生，頭都想到沒辦法可以渡衆生，於是阿彌陀佛就跟觀音菩薩說：「把佛像頂在頭上來，渡衆生就會比較容易。」所以觀音菩薩的頭上都頂著一尊佛，承佛的神力來渡衆生，可見衆生多難渡。

年青人有了錢就想拉皮箱出國，疫情來了，關在家裡快瘋了一樣，快受不了，哪會想要靜下來思考修行的事？只會在網路打嘴炮，論是非，在疫情跟戰爭相繼出現的時候，就上天在警告世人，壞事少做思維要修正，不能像以前一樣，想要害人勾心鬥角，自私自利，不孝父母親那樣老天會修理人的，如水災、地震、旱災、飢餓等橫禍，都要反省自己的心態跟行爲。

思維改變給人們
幸福美好的世界

第十四篇章
解脫方法

　　爲什麼佛要說西方極樂世界？如果佛不說西方有極樂世界，我想人們絕對想都想不出來。因爲是人，人的智慧有限生命有限，從出生到成人沒有二三十年的時間思考的腦力不足，接受教育成度體能，社會的經驗不足還有環境的條件不夠等因素，要想了解天地宇宙之間的奧秘所產生出來的星球天空，在星球之中有地球、月球、太陽等，在地球又產生動物、植物、海洋等又產生人類，由人的生活、由簡單的食物吃的飽就安祥的感覺，到慢慢成長之後產生慾望，成男成女的結合、又產生下一代，由於食物需求增多需借糧。

　　由於生活一連串的需求之下，想要了解天地之間的眞理、天外天的事情是不可能，就算美國的太空望遠鏡也無法看到遠在天邊另外一個國度，從二百年前的科技到現在的科技發展，要經

過多少的人力、財力、物力？就如目前的晶片2奈米、5奈米都是由當初的手動木頭做的，變成煉鋼鐵板的鐵船。由於船的發達慢慢發展出各種機械，由手動機械發展出自動式的機械跟目前的智慧手機，由於科技的發展由當初286電腦到目前的686電腦，或許有更先進的，手機已經用5G了，戰爭已經用AI開戰了，以前的武林高手那一套已不管用了，二次大戰的武器用到現在來打也損失慘重，打到最後想動用自我毀滅的核武，所以在人類想要走向如佛陀一般的智慧是不可能的，大部份的人都會被物欲貪婪牽著走。

你看這牽字裡頭有一個牛，牛的鼻子被用鐵穿過去，主人只要一把拉，牛不得不走，這道理大家都知道，好像也是無可奈何的如牛般被主人牽著走。主人是誰？想一想主人就是社會的物質等等，牛就是人的心被拉著走，每天勞力的隨著這條路而行，每天如是行，趕牛的人不用趕了，牛自動就會走那條路，隨路而行到牛老了、拉不

思維改變給人們
幸福美好的世界

動了、死了才能休息，因爲人不會自己發明提升人的心靈的智慧，只會小聰明的發明一些東西享受，到最後發明一些武器來搶比較快，你搶我搶大家一起搶，搶多的就是英雄，自稱爲國王，妻妾一堆，三宮六院，天子的名稱，女人多了壽命變短如此等，牛是勞力到死，人是享受到死。

　　在以前佛陀時期，有位國王供養了佛陀之後，希望佛陀爲他祈福，希望來世能繼續當國王，佛陀說這是錯誤的觀念，應該求的是智慧才對，後來那位國王才了解，當國王不是人生追求的目標是輪迴之苦，當國王並非享受，想看看一國之君國事繁忙，大小事一堆，白天各大臣的報告文件要簽名，要想如何解決國內人民的肚子吃飯的問題，天災地變、國外的侵略、預防大臣會不會反叛，到時候被殺奪權王位就沒了，看哪一位大臣不服先殺了再說，結果忠臣逆耳話不投機，把忠臣給殺了，其他的爲了肚子吃飯的問題都不敢再多言了隨他去，見風轉舵、有飯好吃就

好了，家裡還有妻小兒女，當官的不如閉嘴，隨著那昏君混到國家快滅亡了，就先把自己的子女往強盛的國家送，並交代子女：「如果此國人民欺負時，要忍耐活命或是再跑到別國。」就像現在的有錢人有多國的綠卡這樣，其他的官員就有樣學樣把子女都往國外送，自己在家賺錢給子女在國外享受，開超級跑車炫耀，表示這是他們的文化，真看不懂是哪門的文化？怪怪的。有錢就是文化嗎？享受高級的衣服、包包才是水平水準嗎？怪怪的。有高科技的武器也叫文化水平嗎？怪怪的。因人類的小聰明會把自己搞壞，自己的心識進入死胡同轉不出來。

　　佛陀在適當的時機出世來說教，解除人們的心態錯誤的觀念，改變人生觀及正確的修行及說法，並提示宇宙觀。西方有極樂世界可以繼續修行，因為目前人世間生命短暫，如果修未成佛可以到那邊接著修行，在人間麻煩事這麼多，只要念佛即可往生，未往生前如是修，這是佛的願

思維改變給人們
幸福美好的世界

力、佛的力量，是不可思議的念佛就會得到佛的加持力，就像母子同心一樣，母親在想你的時候，你的耳朵會有點癢或有心電感應一樣，起碼也會有護法神護著你。藥師佛也很好，多念身體健康，尤其懷孕的媽媽們只要多念藥師佛名號，肚子裡的小孩會平安的出生，而且小孩將來身體健康、聰明乖巧，不用父母煩惱很多。

　　如果修念佛法門不夠刺激，可以學禪宗的禪機參禪，參到頭破掉還是參不透，或是修密宗的密法修四加行一個加行十萬遍，共四十萬遍，這是基本的，像西藏行者在路上拜個幾百里，三步一拜，拜到心會平靜為止，拜到心有平等心、有慈悲喜捨為止，但是要有體力才可以，不然像虛雲老和尚為了感念母親的恩德三步一跪拜，下雪也跪拜，在半路差一點死掉，還好即時有人救，不然就死了，聽說救他的人好像文殊菩薩，所以父母在生前要多孝順，不然像虛雲老和尚要跪拜個幾千里就麻煩了。

智慧意識提升

念佛很重要。

為什麼在台灣念佛很普遍，在別的國家就很難？比如佛法從印度傳至中國，再傳到台灣，我說過我到印度去問他們佛教如何，他們都不知道有佛教的事情，以前從印度傳到台灣只不過二千多年而已，當初佛教在印度很興盛，才過沒幾年佛法就不見了，被其他的神道換掉了，誰知道這麼好的佛教過了幾百年或是一千年或是二千年就不在有佛教了？

看現在的人忙的要命在賺錢，有現成的佛經也不會去看一下，有一個朋友送他一本《金剛經》含藥師經只有一本而已就不想看轉送給我於是我就收下，我有二部大藏經了沒差那一本，所

思維改變給人們
幸福美好的世界

以說佛渡有緣人嘛一點沒錯，在佛陀時期有一位
佛的弟子要收一位新來的那位尊者要收新來的民
眾之前要觀其過去的因緣如何於是佛的弟子尊者
入定觀過去的八萬劫裡都沒有念過一句佛，就不
收他為徒，那位新人當時就哭了，佛陀知道這事
情時就跟弟子尊者說，尊者且慢，佛說尊者你的
境界只能觀到八萬劫以內以外的事觀察不到，佛
說那位新人在八萬劫之前在某個時候被一隻老虎
追而跑到樹上時只念一句南無佛，就此一句佛號
八萬劫後的今天因緣已經成熟了來此皈依佛門，
因此尊者就收那位新人為弟子了，所以念佛的因
緣很重要，有空多念佛可以造就未來的好佛緣，
有佛法才能有智慧。

　　人跟佛是同類，如果動物，狗豬，貓鳥魚牛
馬驢鴕海裡的魚等遇到佛法可沒這麼容易不知道
要過幾萬劫在幾萬劫之中如在天界修行還好，日
子還好過如果在人間就不好過，如果在陰間就更
不確定性，因為在陰間會轉世為人或天人，轉為

天人要有善報才能上天，一般的人都轉為人，當今少子化的時代，想要轉生為人變成很難，要排隊等到你要轉生為人時是否是出生在有佛法的時代，如果沒有就麻煩了，如果出生在非洲中東或是正在戰爭的國家中，生命隨時結束或轉入畜牲道、惡鬼就要好久才能再次輪迴人道也不一定能見佛聞法如果轉入地獄道餓鬼道那就無量劫在受刑罰之苦，在我們現在人類就現在的時間裡算一下過去的時間已經過去了無量的不可數的時間之前已經有無量人已經成佛了，我們還在這裡輪迴之中還沒覺省捨不得一些時間來看一下古時代的佛為我們人類留下寶貴的經典還辛苦的從印度一些學者討教學習印度文化抄寫回來再翻譯成漢文再請法師校正佛所說的內容涵意怕有錯誤怕讀者會錯意以至導向錯誤的觀念影響修行者的錯誤意識偏差變成墜落邪念的思想如此辛苦翻成一部大藏經留到現在。

而現在的人不想要看，也不知道為什麼大概

思維改變給人們
幸福美好的世界

苦頭吃不夠吧，還是不怕苦吧，眾生怕果菩薩怕因，就是這樣吧，看不到自己將來會受到苦的果報所以不相信也看不到明日明年未來幾年如何，只要目前日子還可以管他去的，如果看佛經的話家人又怕你出家等等，可以網路下載大藏經在手機有空就看一下，有好處多多可以改變你的人生觀增加大智慧，用智慧來過理想的生活。

宗教的轉折

　　先來談《道德經》，比如世界上沒有人了的時候就不會用上《道德經》，天人不會用，鬼界的也不能只有人可以用，而且只有部分的中國人才會使用一些，他國的人是不會用，所不是能普遍性，如果沒有佛法的時代只有加減用而已。

　　再來談基督教及天主教也是差不多，如果世界上的人都沒了也是一樣，用不到可以從《聖經》上就可以看出《聖經》只能用在人道而已，如果佛教在世間沒有出現時，只有加減用修簡單的日常的規律行為並不能解脫，真正的人的、神的、天道的、菩薩道的、餓鬼道的、阿修羅道的、非人道的、魔道的、地獄道的、畜牲道的、天龍神道的、種種心態的輪迴解脫的問題，所以基督教、天主教包括回教都一樣，只能談一些愛

天主、祈禱天主賜福而已，在人之上的、天外天的境界如何、地獄的如何、其因果如何，人來自哪裡？爲什麼來到人間？將來修何因緣？會到哪裡及過去是如何？……等都沒在《聖經》上記載說明。

　　其他的教派都一樣，如果沒有明確的交代、如果在世界上都沒有人的時候，你的教理還可用在別的世界跟空間，要如何用那才可以算是真正的宇宙真理？是真正能解決人，天人、鬼、地獄、阿修羅，天神多層次的天神，梵天王天眾及動物界天龍、地神、風神、樹神等解脫的問題，在佛教就能說明。如何解脫？如何的去修？是什麼問題？是什麼原因？該如何處理問題？將來不再發生，造成錯誤的觀念產生的後果，不管將來人間不能住人了，人會到哪裡？在天堂，在哪一個天堂？天人的壽命、天人的輪迴、有修的天人會再到哪一個天？共有幾個層次的天？天人的身高、壽命、天人的心的境界不是人的一般境界，

在人必要修到哪一個境界才能到達另一個天界？又要如何修到一個境界，才能出三界超出輪迴不再輪迴在三界內等，佛經都有記載。這才是宇宙的真理、才是真正常樂、才是自古老以來的真理，如果個人有其各宗教的因緣也是隨各人的因緣，有緣才能得，無緣強求無用，有緣千里傳來資訊會接受，當有資訊來時就看各人的智慧去判斷去接受，因緣瞬間卽逝不會停留，轉眼又過幾十年了，在這幾十年來我們學到了什麼，當要思考了。

思維改變給人們
幸福美好的世界

解脫觀念

　　當今在佛經說是五濁惡世的時代，釋迦牟尼佛出世是為人類將來的出脫，在時間短短的百年內就可以快速的成就而解脫，我們可以算一下，在天界的四天王天的一天等於人間的50年的歲月，在人間100年等於四天王天界的2天而已，如果人們好好利用天界只有2天的時間好好的把握短時間能夠修個大成就，就像密勒日巴尊者或是如那些達摩祖師、慧可禪師到六祖禪師及各宗派的大師，即身成佛、即心成佛等成就，時間只有天界的2天都不到，實在太划算了，釋迦牟尼佛也太厲害了，會找人類只有壽命百歲的時段來傳法，而我們又可以遇到這個亂七八糟的年代，可以看出世間的百態、看清人心的污濁，趕快找個法門來修持，如念佛加禪修、誦佛經、看

佛經、念咒、打坐、持戒等都可以短時內有所成就，人生很短暫，很快就老了，不要貪玩抽點時間加減的修持，並不會輸給那些貪玩的人。目前科技正發達，是有始以來的好機會，網路可看到佛經，不像古代要請經書，手機看經書，看完了就關機。

時代已不同了，好處多多要把握機會來學習修行，不是在學流行，多位尊者傳也可以加減看，看以前人的修行過程，自己就可以跳過很多修行的困難，成就會比較快，省掉不必要的麻煩，東奔西跑的參學直接就修了，先修行就先得快樂，一家都平安快樂多好，把握提升機會，勿失良機。

思維改變給人們
幸福美好的世界

心境的改進

　　在修禪的過程可以看維摩詰所說不可思議解脫經，還有六祖壇經達摩祖師傳的電影就可了解禪機是什麼，佛陀爲了教育未來的衆生的煩惱就請各佛弟子跟維摩詰居士請安，其中的各弟子都不敢去跟維摩詰居士請安是因爲各佛的弟子在之前都被修理教訓過才不敢去怕還沒開口又被教訓，所以都不敢去，因此佛陀就一個個的點名弟子，而各被點名的弟子都說被維摩詰居士斥責弟子們的缺點，因此不敢再去跟他請安。

　　這就是佛陀爲了將來每一位在修行的過程及每個人的因緣不同在修行中所產生的問題都不同，佛陀也知道不是不說不罵，是要給罵人的位子在不同人的身上才會罵的出口才會給當事人有感覺，會改進的現象以後在每個人在修行時產生

的心裡問題可以一個一個被解脫，這個在修行時的課程非常重要，在佛陀出世傳法之中，一位是扮演佛陀一位是扮演居士，在佛法的解脫法說法的方式是要換位而說才能抓出毛病，就如現在的說法，自己的兒子要別人來教一樣，一個老父說了千百遍的勸兒子的話都沒有用不如到軍隊給班長排長連長們修理一樣一次就乖乖的聽話了也學會尊重別人，將來在社會才能立足。

記得我在當兵時，連長看士兵的內心浮躁，就要我們各一張意見不註名，我就寫了在當兵時士兵該如何、長官要體諒等，在這種情況之下都要知足常樂，結果在春節時，連上的門兩側貼好大的字，一邊點知足一邊貼常樂，在佛法的悟境裡，有的時候不是書讀多就能在悟佛的禪機，是因為一般書籍的內容不了義，比如愛情小說會把帶入情感的死胡同裡，把男女之間帶到暈頭轉向、魂不守舍，還有一些文化以為是高水準，其實會影響人本來就有清靜的自性，會在外來的文

化帶動思考，在腦裡轉來轉去的，想不出悟境。佛所說的意思，反而六祖不識字、不受文化的干擾，聽到神秀所寫的身如菩提樹，就知道有樹的產生卡在樹上下不來，如果心沒有樹就不會卡住了，清靜不會卡什麼東西，所以在悟禪機的時當下就不生念頭，就如還沒開始就結束了，也沒開始也沒結束，就如二祖慧可求達摩替他安心，達摩回答他：「我已把你的心安好了，在當下慧可才了解，一切都是內心自己做壞自己的內心，過去的心一直掛著，就像心裡有一棵樹卡在樹上，比如說你在地上不在樹上，而慧可才瞬間發覺我在地上不在樹上了的意思而安心了。」所以佛說過去心不可得，現心不可得，未來心不可得，在三個心不可得的當下就剩下清靜的心。

　　比如有人要來說過去的是是非非，你就把他當著事已經去了，沒關係，不放在心上，一切空無所得，身心自在，這種道理是其他宗教無法說出來的，可以看文殊菩薩跟維摩詰居士二位的對

話的禪機，便可知道佛教禪是什麼，就像這遍土地，什麼人踩踏它都無所謂，你種任何種子，天只要下雨，它都會為你生長，不論人類或是動物一律平等。

　　有空時可以參加禪修禪七，如果沒有空也可以自己在家靜坐，每天靜坐約20分左右，在靜坐前念佛5～10分鐘，每天做給他習慣，有空就看佛經、《藥師經》、《金剛經》，因為佛經都是佛在傳達佛的願力，只要眾生常念誦經典及裡面的咒語，久而久之，第一、可以消除災難。第二、有護法神可以護著你，一些壞人想害你不得逞。第三、可以給你在生活上、工作上比較如意。第四、在你人生想修行時，可以順利得到智慧，比較不犯錯，欲望會慢慢減少，因為欲望是很麻煩的事，所以減少欲望是好事。

　　如平常有時間就打坐或看經書，少到外面玩，也等於省了一筆錢，這裡一些那裡省一些，無形之中就可以存了一些錢。吃的方面簡單一

思維改變給人們
幸福美好的世界

些，也是省了一點，每天省一點一個月下來、一年後無形中是很可觀的，所以在佛的教導下，要有成就並不難，光是在錢就省很多了，對身體更是好處多多的，在交朋友也會交好友，因為平常有戒的心就會擋掉一些心術不好的人，在佛法加持之下做事如意平安，人說平安就是福，自己平安，家人平安，就等於省錢，不然災難多麻煩花錢就多，錢就這樣花光了還負債，這裡借那裡借，人看到你就像看到鬼一樣，所以人常說平安就是福，人在福中要知福，也要知足，人比人是比不完，比上是不足，比下是有餘的。

第十九篇章

因果的了解

　　修行要走在人生的前段，就是要趁著年輕學習，同為佛經蠻多的，要看完才會完全了多佛陀所說各種修行產生的問題，過程要如何圓滿。佛陀開始從做太子時，在天人的幫忙之下走出皇宮，在參訪各門派的理論都覺得是不了義，非解脫之理論下，只有在樹下打坐六年，一直到涅槃約48年之間，每次遇到問題的過程要非常了解。

　　因為佛陀是要做給我們看如何修行，及佛陀如何教佛弟子？佛弟子們過去修行法門是什麼教派的理論？在遇到佛陀時，佛陀是教何法？學習多久就達到哪一種階段？佛陀說法時，是說哪些法？有哪些人在聽法？比如說的是阿羅漢所要聽的法？還是菩薩要聽的法？這種境界有哪些不

思維改變給人們
幸福美好的世界

同？佛陀都會舉例說過去佛修行如何，可以供我們參考，比如彌勒菩薩比釋迦牟尼佛早13劫之前就修行了，但是釋迦牟尼佛先成佛是什麼原因可以先成佛？在《妙法華經》就有講明白，在維摩詰不可思議解經裡面就有香積佛國的修行方式等等，還有阿彌陀如何的發願？藥師琉璃光如來佛本願原經佛說：只要眾生念他的名號，在來生如果在地獄有意念藥師佛的當下，都會馬上轉生到人間，而且會遇到善知識帶入修行的路，不然到地獄不知道何時才能再轉為人，又不一定會遇到善知識，想看看世界上會有幾個地方才會有真正修行的地方，跟有人會告訴你，要如何開始修行、要讀何經典是很少，比如到尼泊爾的佛國，也沒人會告訴學佛要從哪裡做功課。到印度佛陀以前的道場也不過是去看看感受一下而已，在根本上就是要如佛陀教的方式修行及看經典才能了解好處多，先了解佛法對自己的未來該走的方向之路，不然東考慮西考慮，不如平常就每天先念

佛、看藥師經，有空其他的經典繼續下去看，在佛的加持下看經才會看得懂。

　　一般在人的觀念裡，以為是時間過了很久就沒事，或是前世沒關係了，舉例以前有位修行的和尚以為之前做了對不起別人的事，因修行後在之前做某事是不落因果，就因為有此觀念，結果死後墮落為狐狸身五百世，因為觀念問題錯誤而墮落而且會變化為人的狐狸精，有次化人到一間寺廟聽老和尚講經，當講經完了大家都走了，那位狐狸化人還沒走，於是和尚就問施主有事嗎？那位狐狸化人就請教和尚說：「修行者不落因果吧！」和尚就說：「你明天來聽講經，我再說其原因。」於是，第二天那位狐狸化人又來聽講經，和尚就在大眾前講說經典講到：「修行者是不昧因果。」那位狐狸化人當場開悟，原來不是不落因果，於是講完經等到聽眾都走了，就跟和尚說：「山丘後有隻狐狸屍體再麻煩和尚。」於是，第二天和尚就派徒弟到後山看，果然有隻

思維改變給人們
幸福美好的世界

狐狸屍體，於是就把他念經超渡後埋了，所以一念誤以為只要修行就不會有因果的觀念而造成了五百世的狐狸身的輪迴。

　　還有佛陀時代有兩位佛弟子到鄉村乞食，在路邊遇到一位婦人正在洗衣服，於是有一位佛弟子就向婦人要水喝，那位婦人看到這位佛弟子馬上就白眼對這位佛弟子，罵難聽的話還叫他走開不給水喝，而另外一位佛弟子也向婦人要水喝，於是婦人馬上就裝水且恭敬歡喜的請這位佛弟子喝水，之後這兩佛弟子回到道場時，那位被罵的佛弟子就請教佛陀說：「世尊，我們兩位到外面乞食時遇到一位婦人在洗衣服，要跟他乞討水喝，他不但不給水喝還被罵得很難聽，可是另外同學就不會被罵反而對他恭敬的給水喝，這是為什麼？」佛陀觀察這兩位弟子跟那位婦人的因果關係之後，就跟那位被罵的弟子說：「前世你們走在路上時，路邊有隻死老鼠且很臭，你在當時就說死老鼠死在路上臭死了，罵了一下，結果

今生就這樣被罵回來還不給水喝，另外你的同學就把那死老鼠埋起來也不嫌臭，就這樣來世相遇時就得到不同的待遇。」佛陀說這就是因果的關係，果報不同都在人的內心的修養產生的現象。

思維改變給人們
幸福美好的世界

修行的次弟成就

　　密宗的修行都是要金剛大阿闍黎上師的灌頂才能稱為金剛弟子再學法，平常念真言為日常的功課，都以十萬遍為加行，如金剛手菩薩真言為加行，大禮拜十萬遍，要佛像做為每天修行的對象，修有幾年後再學法灌頂，還有修護摩法功課，但可以準提佛母為本尊，每天修持準提咒法門，可以不一定要吃素，每天早上素食就可，如果能夠二餐素食更好。準提佛母的頭頂戴五佛冠代表有五方佛的加持，加上修持金剛三昧，在過去靠修準提佛母法修已修成佛的，有七十七億位佛之多，準提佛母又稱最勝金剛，以佛母的真言加持來修行可以說密宗法門非常殊勝的一種法，佛母有十八支手代表有十八法來渡眾生，在這個年代要供養這麼多佛菩薩像在一般人是比較困難的，但是可以持準提神咒也是很好，就像念佛一

樣。

　　在以前西藏的密勒日巴尊者他的母親爲了要報仇家產被親戚奪走而生恨意，就湊一些錢給他去學黑教可殺人的咒術，很快就學會，結果殺了一堆人，於是整個村莊的人都討厭他，但是又怕他，因爲他有咒術，因此覺得用咒術殺人不好，之後才去學正派的密宗，師父看了他就叫他用咒術去降冰雹，因爲師父說那些村民會搶供養他的人，密勒日巴想我是要來學善法的要成佛求解脫。師父又要他去造業，爲了要學法不得已再用咒術使得村裡一些惡人因打架被打死，爲了聽師父的話，又造了一些石屋磨破皮，折磨了好幾年。

　　如果以現代的年輕人爲了要學佛法用如此的方式來教徒弟的話早就跑了，密勒日巴尊者傳如有看過的人，七世可以免墮入惡道，有想要學密宗的可以找大師學習，還是學禪宗或學淨土宗，未來的佛法只剩淨土宗因爲簡單，大家都忙著工

作、不想修行，等著輪迴不怕苦。

在日本一千二百多年前有日本留學僧到大陸西安青龍寺惠果法師金剛大阿闍黎學習，當初惠果法師找不到要學法的弟子，剛好有這位日本來的留學僧要學法，於是就把所有學的密宗法都教給空海法師帶回日本，法號遍照金剛，號弘法大師，後來稱空海大師，目前日本京都的寺廟很多是密宗的佛像，金閣寺也是，金閣寺有兩層，下層都是佛像上層都是空的沒有佛像，這就修行的展現，聽說空海法師發願保護日本一千年，之後日本自己就要多保重，所以一個人能修行成就的話還可以保護國家人民，所以修行的好處利己利人。

有人就是損人不利己的思想，不畏因果不懂因果，小孩在小時候就缺少正確教育環境，大人也沒有在往上追問題的源頭是社會的風氣已經在改變，人們也不知不覺就像溫水煮青蛙一樣，往不良的習慣去跟著走，但之中有部份的人會發覺

不好跳出這不良的習慣，走向正軌道，如果大多數人不再卽時回頭的話，慢慢的知道行正道的人會越來越少直到消失，當這批行正道之人不再傳法後，未來的人無正法可修行時，社會就會充斥著大吃小的行爲，變成常態之後，在人們想應該是如此爭奪名利、以名利是圖才能活下去，大人如此，小孩學習大人的行爲進而改變成2.0版，比大人更高一級的爭奪戰，不顧一切什麼傳統道德倫理文化，有錢就是老大的風氣。不相信有地獄，就像盲人看不到月亮就說沒有月亮一樣。不相信有地獄，在此不良的風氣之下國家就沒有像空海大師一樣的保護下，天氣也會變的不穩定的天災人禍，有颱風、颶風、地震、豪雨、山崩、高溫、病毒、生病等人民死亡的災難。

在佛經講的就是這些九種橫禍的死亡的人，大部份都是轉在地獄去，轉生爲人的很少，要轉生天上的更少，要轉變國家級的災難就要有大師級的修行成就者才有辦法處理部份災難而已，現

思維改變給人們
幸福美好的世界

在是末法減劫時期，五濁惡世要避開災難只有靠念佛念經，以佛的功德願力才能渡過，佛陀說佛的一根毫毛光的功德，足以供養一國人民的修行資量，目前是逆行時期也是正好修行時期，在順行時期一般人都不會想要修行，在2019年之前太平，人人都快樂常常出國，哪會想到修行？在不到三年的時間的目前又是疫情病毒，又是戰爭怕是核彈，物價上漲，怕餓死病死沒命的逆行時期，大家都想太平時期有多好，目前只有修行才是轉變好的未來，修行者越來越多才能轉變不良習慣的風氣。

　　社會在轉變，到國家的轉變到影響其他的國家也能改變風氣就不會有戰爭的事件，希望大家都能改變社會不良的風氣能夠給這個世界有更美好的環境，人與人之間和氣相處，沒有勾心鬥角的心，都相敬如賓，互相尊重平等的心，不分種族和平相處，互給利益，共同能夠在這個世界生活，過著安全美好的日子。

第二十一篇章
風氣的了解

　　現在流行養寵物，有次我到澳洲看到他們人會在每個月的特定日子帶著狗到運動場集合，好像是養狗俱樂部，大家都在一起討論養狗的心得，美國也好像有這種情形。

　　時代不一樣了，好像自己沒有養個寵物就跟不上時代的風氣，還有狗狗美容院，各種的狗穿的衣服、狗食物罐頭、狗毯子、貓抓紙再貴都買，還聽說有人用少有的古董碗當狗吃的碗等，真是人不如有錢人的狗，出門有豪華的車，搞不好還有傭人照顧，這隻狗狗真是有福報，就像以前有兩個修行人，一位說要修福另一位說要修智慧，結果修福的人轉世為白象，因為白象在當時很稀有，所以被當寶貝來養著，有天這修智慧不修福的出家人乞討，從這頭大象面前過，這頭大

思維改變給人們
幸福美好的世界

白象就跟這位乞討行者說：「喂兄弟你看你只修智慧，吃飯都要乞討才有得吃，看我有人扶養好好的。」這樣笑著那位前世只修智慧的同學，這種現象如果在一般修行者來看或是一般人來看都知道只修福修到輪迴畜牲道還不知道，是缺少修智慧的現象，如果看一點佛經或是念佛可能就不會輪迴畜牲，現在的貓貓狗狗可能是還有一些福報吧！才會被當寵物，看看就好千萬不要羨慕，不然來生就當狗狗就麻煩了。

　　我之前看到有一個廣場有很多黑色野狗沒人管，過了一個冬天後就不見了，想必是被人抓去殺了冬天進補吧！這沒修福慧的狗命的狗如何是好？在以前有人養狗，剛好遇見佛陀就問佛陀說：「我養狗會有什麼因果報應？」佛陀只有笑笑沒說什麼，而那位狗主人一直問佛陀會有什麼因果關係，佛陀只好說你養狗久而久之來生就會轉生為狗，那位狗主人聽說養狗來生會變成狗就嚇到了，現在人養狗會不會如佛說的就不知道

了。

　　有人說懷胎的女人要常看觀音菩薩像，將來才會生個端莊的女兒或是看明星，某某某的胎教，如果以相隨心變的話，每天看狗狗的臉看久了就會成其形吧，在電視有個節目專門介紹狗狗的舌頭上及身上藏著極微細的細菌，用顯微鏡放大之後，哇真是恐怖，那細菌會粘在人的身上、臉上、進入鼻孔、爬入腦部造成種種不明的病，都不知道，尤其是小孩子更要小心被傳染蟲病。

　　以前聽我媽說在以前有一家人的小嬰兒在床上被鄰居的狼狗刁去吃掉，因為以前人的門都沒關，隔壁鄰居都可以來來去去，小孩的主人回來之後找不到小孩子，而且找了很久，看到隔壁鄰居的狼狗的肚子特別大，就懷疑是那隻狼狗吃了，於是就好像告訴警察來討論，決定殺了狼狗，之後狗的肚子果然有小孩子的屍體，是被吃了，所以養狗的好處不多。

　　現在住宅大樓有養狗的主人每天都要遛狗二

思維改變給人們
幸福美好的世界

次，隔幾天又要洗澡，對自己的父母親都沒這麼好，還叫狗兒子，怪怪的風氣，這風氣怪怪的，以前在鄉下養狗是看顧家的，之前有位鄰居買了七千元的狗，養久了不想養，要賣我三千元就好，我說不要，後來說送我，我說我不養狗，養狗麻煩，因為狗很多蟲。

第二十二篇章
智者的行處

　　迦葉尊者目前在雞是山裡，有很多人到那裡去朝聖，有緣人可能就可以遇見迦葉尊者，如果他有出來給你看見，你也未必認識他，迦葉尊者可以千變萬化有他心通，人們在想什麼他也知道，這就能證明佛陀傳來的佛法是正確的，是其他宗教無法比喻的。

　　時間跟空間在佛陀跟佛陀的弟子都可以掌控，在時間上可以長也可以短，可以在一剎那表現出無量劫，在釋迦牟尼佛涅槃後到北方世界，成為一個淨土成為妙覺如來，佛壽十二劫，那邊的一天等於一個賢劫千佛出世的時間，一天就等於無量劫人間的時間，如果有人要壽命很長的話也可以到那裡去聽佛說法，世尊很慈悲說法也很到位，說不定還可以見到文殊菩薩，如果聽不懂

思維改變給人們
幸福美好的世界

佛陀說什麼也可以請教文殊菩薩解惑，成就也是會很快，也可以到阿彌陀佛淨土去，那邊的一天等於人間16798000萬年，在那裡每天都要去十方佛土去供養佛陀，佛陀妙覺如來接受供養的話，在時間上就好像佛陀一整天都在吃飯，但是佛陀可以化身吃飯的佛陀，講經說法的佛陀，在印度佛陀時期，佛的母親懷胎時就有無量的菩薩在胎內聽佛陀講經，如何不可思議吧！

　　菩薩就連佛陀要轉世來人間還沒有出世、還在胎內就要聽佛陀講經，菩薩是如此精進可想而知，就像目前的彌勒菩薩在兜率天講經，在未來彌勒菩薩下世時，那些菩薩也會跑著下來聽講經，目前只要有念觀世音菩薩名稱的人到時候也會到了彌勒成佛時聽彌勒佛講經的因緣，但是時間還很久，如果在妙覺如來淨土看人間的話一百年就像一瞬間，看四天王天也是只有幾個瞬間而已，如果能去到妙覺如來淨土跟佛院對話一分鐘的話，那人間的世界也不知過了幾萬年，我看也

不用回來了就在那裡就好了，所以佛陀有無量的神通，是一般人無法想像的，不是一般小神通可以比的，《妙法華經》就有說，佛的化身千萬億淨土渡無量眾生，在以前的達摩祖師在山洞面壁打坐九年，如果以神通入定的話也是一瞬間，只為了等有緣人，能夠承受佛法的人，也知道有人可以傳受，而慧可的身及心已經達到將來接受禪宗的佛法能流傳中國至今，就跟迦葉尊者一樣等56億年後彌勒佛出世的傳承，雖然時看起來很長，但是在成就者來說都是一瞬間而已，而這一瞬間也可以感覺很久。

虛雲和尚也是當時一邊煮飯一邊打坐不知不覺入定，當出定時稀飯煮好很久也發霉了也不知道坐了多久的時間，以前有八仙之一的李鐵拐就是在打坐時沒有照顧者，在打坐時也不知道坐多久，當他要出定時找不到自己的身體，可能被人當成死了埋掉了，只有找到一個剛死掉的乞丐身體附在他身上，就這樣的修行者可以來去自如，

思維改變給人們
幸福美好的世界

在空間來看，就像佛陀的母親懷胎時有無量的菩薩在佛母親的肚子裡聽佛講經，這就是佛陀的神通廣大的空間加講經的時間的展現之處，就如阿彌陀佛的常光不停的照我們的世界，這種光是一般人看不到的，就像X光一樣人是看不到的，只有佛菩薩才能看的到，佛陀要涅槃前就有五百比丘尼先行涅槃了，佛陀要涅槃時一些眾多人都會哭泣，但菩薩都淡定的，因為知道在這裡涅槃，在那裡又成另外一個淨土再渡眾生，是生生不滅的，有信心的佛弟子都會得到佛陀的加持，去到那裡都可以聽到佛法。

在以前有佛國，當佛要涅槃時，觀察此國眾人是否有人有成就，觀察只有一位，而且這位眾生要經過八萬四千劫才能受記，因此佛陀就等八萬四千劫後，這位眾生出世大約12歲時，佛陀出來跟他受記，說你在未來無量劫後當成佛，在當時只有那位受記的眾生能看到佛陀及天人，其他的人都看不到，而且那些天人也發願說，他成

佛時要到他的淨土去，所以只要有在修行者修到某個階段自然，會有佛菩薩來助你成就，就如舉頭三尺有神明一樣，主要的受記是一種過程，如果有人想要佛陀的受記，可以看妙法華經佛陀為他們的弟子受記，只要有看此經典的人也都受到佛陀的受記，大家都要去看看吧！

《妙法華經》是千億萬劫才能看到的，是有兩萬佛出世後的最後佛才會出來講的經典，這部經典佛陀是在講經時間空間把人間移到他方世界去，再擴大空間出來讓十方的釋迦牟尼佛的化身佛有無量佛陀來聽釋迦牟尼佛講《妙法華經》，在十方佛陀都來聽釋迦牟尼佛講《妙法華經》，而人們更要聽佛講經才是，當時在人間根本不知道佛在哪裡講《妙法華經》，除了佛弟子知道，其他的人知道的不多，因為佛陀涅槃後佛弟子集結才有記載，不一定就會有人講此《妙法華經》，佛說將來佛法東傳也要一段時間來翻譯，再說當初的印刷技術還沒有目前發達，又有戰

思維改變給人們
幸福美好的世界

亂，人民都自顧不暇哪會傳法講經，就算有也不多機會難得，是其他宗教沒有的機會，所以要好好把握。

希望這幾篇文能給人有幫助建立美好的未來，不然幾千年來都是如此有何意義，只有增自己的業力的麻煩。

2022.5.18

H.J.H著作

95106101水也之上田中草

第二十三篇章

佛經的介紹

以下介紹先讀的經書

因為時間寶貴要看完全部的大藏經，如果每天看8小時看一遍，最少要五年至六年或八年，如果看二遍的話也要十年以上，所以先介紹重點的佛經，先看有空再看其他的部份，在時間上省很多。

1. 般若波羅蜜心經，等於一部大藏經的內含，可以每天念誦七遍功德很大，菩薩以這部經得大成就。

2. 金剛般若波羅密經，這部經可以破除我執，一般人或修行者的執著，有所執著必是障礙，除去執著身心愉快。

3. 維摩詰所說不可思議解脫經，這部經可以了解在修行者的心態，在錯誤觀念的改善

思維改變給人們
幸福美好的世界

及禪的境界跟另外佛世界修行的方式給參
考不同的修行方式，及心理準備。

4.圓覺經，這部經是修行者的考驗悟境看個
人的能力能夠了解多少。

5.解深密經這部經是說佛的境界修行方式成
就眾生大悲之行，有福德資量等。

6.文殊師利所說不思議佛境界經。

7.文殊師利所說摩訶般若羅密經。

8.大乘理趣六波羅密多經。

9.大乘密嚴經。

10.六祖壇經。

11.禪宗高僧言行錄。

12.諸法無行經。

13.傳心法要。

14.阿含經。

15.增臺阿含經。

16.佛說八正道經。

17.八大人覺經。

18.達摩祖師論集。

19.大日經。

20.即身成佛義。

21.密勒日巴傳。

22.岡波巴大師傳。

23.指月錄。

24.菩提道次第廣。

25.大般涅槃經。

26.妙法蓮華經。

27.佛藏經。

28.金剛三昧經。

29.入楞伽經。

30.大般若經。

31.大方廣佛華嚴經。

32.大方等如來藏經。

33.佛說不增不減經。

34.傳心法要。

35.藥師璃光如來本願功德經。

思維改變給人們
幸福美好的世界

36.佛說阿彌陀經。

37.佛學常見詞彙。

☆其他經典可以下載CBETA網路電子的大藏經的大正藏內容很多，FBREADER書籍網路閱讀器再下載CBETA來閱讀，字體可改綠色字體黑底，看書比較舒服不會刺眼。

國家圖書館出版品預行編目資料

思維改變給人們幸福美好的世界：人生光明之
音智慧之輪從故事中學得智慧成就自他／H.J.H
著. --初版.--臺中市：樹人出版，2023.3
面；　公分
ISBN 978-626-96763-5-4（精裝）
1.CST: 佛教修持
225.87　　　　　　　　　　　　112000342

思維改變給人們幸福美好的世界
人生光明之音智慧之輪從故事中學得智慧成就自他

作　　者　H.J.H
校　　對　H.J.H
發 行 人　張輝潭
出版發行　樹人出版
　　　　　412台中市大里區科技路1號8樓之2（台中軟體園區）
　　　　　出版專線：（04）2496-5995　　傳真：（04）2496-9901
　　　　　401台中市東區和平街228巷44號（經銷部）
　　　　　購書專線：（04）2220-8589　　傳真：（04）2220-8505
專案主編　陳婷婷
出版編印　林榮威、陳逸儒、黃麗穎、水邊、陳婷婷、李婕
設計創意　張禮南、何佳誼
經紀企劃　張輝潭、徐錦淳、廖書湘
經銷推廣　李莉吟、莊博亞、劉育姍、林政泓
行銷宣傳　黃姿虹、沈若瑜
營運管理　林金郎、曾千熏
印　　刷　基盛印刷工場
初版一刷　2023年3月
定　　價　250元

白象文化　印書小舖　出版・經銷・宣傳・設計
www.ElephantWhite.com.tw　自費出版的領導者　購書　白象文化生活館